Pour le Capitaine Manu.

Benjamin

Loi n° 49-956 du 16 juillet 1949 sur les publications destinées
à la jeunesse, modifiée par la loi n° 2011-525 du 17 mai 2011.

ISBN : 978-2-09-257159-0
Achevé d'imprimer en février 2022 par EGEDSA en Espagne.
N° d'éditeur : 10280776
Dépôt légal : juillet 2017

Mes premières
QUESTIONS
RÉPONSES ! 3+

Au feu, les pompiers !

Texte de **Camille Moreau**
Illustrations de **Benjamin Bécue**

Nathan

Qui sont les pompiers ?

Les sapeurs-pompiers sont chargés de combattre les incendies et de sauver des gens. Ils travaillent dans une caserne, où ils prennent soin de leur matériel.

Où sont rangés les camions ?
Dans un grand garage appelé « la remise ». Les pompiers ont différentes sortes de camions.

Est-ce que les pompiers habitent dans la caserne ?

Comme ils travaillent aussi la nuit, certains pompiers ont un logement au-dessus de la caserne. D'autres ne dorment là que s'ils sont de garde.

Quand prévient-on les pompiers ?

Quand il y a un feu, un accident, une inondation ou lorsque quelqu'un fait un malaise, il faut appeler le 18 ou le 112.

Est-ce que les pompiers sont très forts ?
Oui. Pour lutter contre le feu ou porter les blessés, les pompiers s'entraînent et font beaucoup de sport.

Pourquoi ont-ils un bip ?
S'il y a une urgence, les pompiers sont prévenus grâce à la sirène ou à ce petit boîtier.

Quel est l'uniforme des pompiers ?

Ils ont plusieurs tenues, adaptées à chaque situation. La plupart du temps, elle sont bleues. Quand ils vont combattre un incendie, ils enfilent leur tenue de feu.

À quoi sert la perche de feu ?
Wizz ! Elle permet de descendre au vestiaire le plus vite possible.

Qu'y a-t-il dans le casier d'un pompier ?
C'est là qu'il range son équipement : casque, cagoule, veste, gants, bottes, surpantalon… Tout ce qu'il faut pour le protéger du feu !

Qui conduit le camion ?

Un pompier qui a suivi une formation spéciale.
Il peut conduire ce grand camion, rouler vite,
et même passer au feu rouge.

Comment marche la sirène ?
Pin-pon ! Dans la cabine de conduite, le chef d'équipe appuie sur une pédale pour allumer la sirène.

C'est quoi, le gyrophare ?
Ce feu clignote sur le toit du camion pour signaler aux autres véhicules qu'ils doivent le laisser passer !

D'où vient l'eau pour éteindre le feu ?

Des bornes à incendie : elles sont reliées à l'eau de la ville. Vite, les pompiers y branchent leurs tuyaux.

C'est long, d'éteindre un feu ?
Oui. Si le feu est très grand, cela peut durer plusieurs heures. En forêt, les pompiers luttent parfois pendant des jours entiers !

Combien mesure la grande échelle ?
Une fois dépliée, elle peut mesurer 30 mètres de haut. Elle permet d'aller chercher les blessés jusqu'au 8e étage d'un immeuble.

Est-ce que c'est dangereux ?

Parfois. Mais les pompiers sont très courageux. Ils s'entraînent souvent pour apprendre à faire les bons gestes et ne pas se mettre en danger.

Que portent-ils sur le dos ?
Une bouteille qui contient de l'air. Elle est reliée à un masque, qui permet aux pompiers de respirer, même dans la fumée !

Pourquoi les pompiers ont-ils une hache ?

Ils s'en servent pour enfoncer les portes et aller chercher les personnes qui sont encore coincées dans l'immeuble.

Est-ce que les pompiers soignent les blessés ?

Oui. Même s'ils ne sont pas médecins, les pompiers savent comment donner les premiers soins. Souvent, ils sauvent même des vies !

À quoi servent ces grands plots ?
Les pompiers disposent ces cônes sur le sol pour bloquer la route et prévenir du danger.

Qu'y a-t-il dans ce véhicule ?
Il contient tout le matériel pour porter les premiers secours avant d'aller à l'hôpital.

Cherche dans l'image !

le casque
le tuyau
l'ordinateur
les haltères
le balai
l'horloge

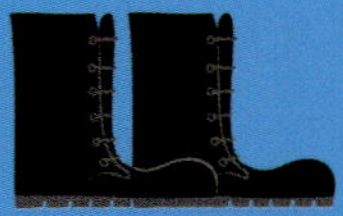